UNIVERSITÉ DE FRANCE.

FACULTÉ DE THÉOLOGIE PROTESTANTE DE STRASBOURG.

ÉTUDE
SUR
JACQUES ABBADIE
CONSIDÉRÉ
COMME PRÉDICATEUR.

La parole est le grand moyen du pasteur.
(VINET.)

THÈSE

PRÉSENTÉE

à la Faculté de théologie protestante de Strasbourg

ET SOUTENUE PUBLIQUEMENT A L'ACADÉMIE

à heures du soir,

POUR OBTENIR LE GRADE DE BACHELIER EN THÉOLOGIE

PAR

MAURICE ILLAIRE,

DE LYON (RHÔNE).

STRASBOURG,

IMPRIMERIE DE G. SILBERMANN, PLACE SAINT-THOMAS, 3.

1858.

A MON PÈRE.

M. ILLAIRE.

FACULTÉ DE THÉOLOGIE PROTESTANTE DE STRASBOURG.

M. BRUCH ❋, Doyen de la Faculté.

MM. BRUCH ❋, RICHARD, FRITZ, JUNG ❋, REUSS, SCHMIDT, — Professeurs de la Faculté.

M. BRUCH, Président de la soutenance.

MM. BRUCH, RICHARD, SCHMIDT, — Examinateurs.

La Faculté n'entend ni approuver ni désapprouver les opinions particulières au candidat.

INTRODUCTION.

Depuis quelques années, le protestantisme français interroge et étudie les faits trop longtemps oubliés qui ont suivi son origine; il évoque l'image des hommes d'élite, théologiens, écrivains, artistes, guerriers ou magistrats; qu'avec un juste orgueil il nomme ses pères, œuvre de justice et d'affection filiale! Car ce sont eux qui, malgré la mort et l'exil, nous ont transmis haut et brillant le flambeau de la Réforme; et, comme le dit un de ceux qui de nos jours ont le mieux compris ce devoir: « L'histoire de ces Huguenots de glorieuse mémoire, qui ont Renouvelé l'Église chrétienne en « France, et qui en ont arrosé de leur sang le second « berceau, c'est là notre héritage, notre patrimoine commun » (*Bulletin de la Société du protestantisme français*).

De ces hommes, beaucoup, et non d'entre les plus indignes, furent des pasteurs, et par conséquent des prédicateurs; plusieurs de ces prédicateurs jouirent d'une grande réputation; les éloges de leurs contemporains et les diverses éditions de leurs œuvres en sont la preuve. Leurs sermons, composés en exil pour la plupart et prêchés devant des exilés, sermons où devait s'épancher leur cœur tout entier, peuvent être considérés comme l'expression publique de ce qu'ils croyaient, de ce qu'ils voulaient et de ce qu'ils espéraient, en un mot, de ce qu'ils étaient. Ils doivent donc nous aider puissamment à nous retracer l'homme et le chrétien.

En même temps, l'étude de ces prédicateurs, la recherche de leurs moyens d'action, la connaissance de leurs secrets de popularité, ne seraient-elles pas l'objet d'une comparaison, souvent utile, toujours intéressante?

Enfin, le mérite réel de leurs discours ne nous permettrait-il pas, pour la gloire de la prédication réformée française, d'ajouter de nouveaux noms à celui de Saurin et de citer avec quelque orgueil les Claude, les Jurieu, les Superville, les Beausobre, les Jaquelot, les Daillé, les Drelincourt, etc.?

Ces réflexions, qui nous ont été suggérées par la lecture de quelques-uns de ces sermonnaires, nous ont donné le désir de faire connaître comme prédicateur, Jacques Abbadie, *le divin*, comme l'appelait Mme de Sévigné. C'est là le but de notre travail; nous nous estimerions heureux si nous pouvions l'atteindre au moins en partie, et surtout si nous pouvions inspirer à d'autres plus expérimentés que nous l'intention de tirer de l'oubli où elles sont tombées, les œuvres de ces prédicateurs protestants que les Églises se disputaient et que des rois écoutaient avec respect.

ÉTUDE

SUR JACQUES ABBADIE

CONSIDÉRÉ

COMME PRÉDICATEUR.

I.

COUP D'ŒIL BIOGRAPHIQUE.

Jacques Abbadie, né à Naï, près de Pau, en Béarn, en 1654, de parents pauvres, fit ses études aux frais des principaux de l'Église. Il les commença à Naï même avec le ministre La Placette, les continua à Puylaurens, où il étudia la philosophie, puis à Saumur, et enfin les termina à Sédan, où à l'âge de dix-sept ans il fut nommé docteur en théologie. Peu après, il alla à Paris se former à la prédication sous les maîtres célèbres que comptait alors l'Église protestante de la capitale, tels que les Claude et les Allix. Il est probable que, malgré sa jeunesse, il sut déjà se faire connaître et apprécier par le monde réformé de la capitale. C'est ce qui nous explique la proposition que lui fit, quoiqu'il ne fût pas encore ordonné pasteur, au nom de son maître Frédéric-Guillaume, l'ambassadeur d'Espense. D'Espense lui offrit la place de pasteur dans l'Église française de Berlin, Église naissante qu'avaient formée les persécutions qui précédèrent la révocation de l'édit de Nantes. Abbadie accepta: il alla à Berlin recevoir l'ordination et se mettre à la tête de cette Église dont il fut ainsi le premier pasteur (1680). Bientôt la révocation de l'édit d'Henri IV augmenta son troupeau et lui amena des collègues. Grâce au crédit dont il jouissait, il put rendre aux réfugiés, qui pour la plupart arrivaient dans le plus grand dénuement, de nombreux et de précieux services; il se chargea spécialement de l'installation de ses compatriotes les Béarnais, de même que son ami le vénérable David Ancillon s'occupait des exilés messins, ses anciens paroissiens. Ce zèle pour la cause de ses frères, et par conséquent pour celle de la Réforme, lui fit repousser les démarches tentées auprès de lui par Pellisson et d'autres catholiques de mérite qui regrettaient de voir la France rejeter de son sein et céder à l'étranger les talents de l'auteur du *Traité de la vérité de la religion chrétienne.* Rentrer en France, c'était rentrer dans le catholicisme. Abbadie répondit en partant pour l'Angleterre avec l'expédition du prince d'Orange (1689). La mort de Frédéric-Guillaume, dont il avait d'ailleurs reconnu les bienfaits par son éloquent panégyrique, lui permettait de céder sans ingratitude aux sollicitations du maréchal de Schomberg. Celui-ci, pénétré d'une grande estime et d'une profonde amitié pour le pasteur exilé comme lui, le pressait de l'accompagner en Irlande. Abbadie l'y suivit et resta auprès de lui jusqu'à la bataille de la Boyne, où la mort lui enleva son protecteur et son ami.

Il quitta alors l'Irlande et vint à Londres : son renom de prédicateur l'y avait précédé; aussi fut-il nommé pasteur de l'une des Églises françaises de cette ville, celle dite de la Savoie, fondée en 1641 par Benjamin de Rohan. Il resta plusieurs années à la tête de cette Église, «inspirant, comme dit M. Weiss, par son «éloquence le calme de l'âme aux nombreux réfugiés «qui accouraient pour l'entendre et servant de mo- «dèle aux prédicateurs anglais.» Sa défense de la révolution de 1688 et son oraison funèbre de la reine Marie, épouse de Guillaume III, lui valurent de la part du roi l'offre d'un doyenné en Angleterre; affecté d'une maladie de consomption, Abbadie préféra le séjour de l'Irlande et obtint le doyenné de Killalow vers 1696. Au bout de quelques années, il fit un voyage en Hollande, et plus tard un séjour de trois ans à Amsterdam (1720-1723), voyage et séjour qui n'avaient d'autre but que l'impression de ses ouvrages, entre autres de celui sur *Le triomphe de la Providence*. De retour en Angleterre, il se retira à Sainte-Marie-la-Bonne, près de Londres, où il occupa les dernières années de sa vie à revoir ses ouvrages imprimés; il y mourut le 8 octobre 1727, à l'âge de soixante-treize ans, aimé et respecté de ses contemporains pour la dignité de sa conduite et le charme de son caractère.

Le *Panégyrique* de l'électeur Fréderic-Guillaume commença la réputation d'Abbadie. Ce panégyrique, écrit avec verve et éloquence, fit le tour de l'Europe. Le *Traité de la vérité de la religion chrétienne* acheva de rendre célèbre le nom de son auteur. Ce traité, dont il nous dit lui-même avoir écrit les premières pages à Paris, à l'âge de vingt-deux ans, eut de suite plusieurs éditions et fut traduit presque immédiatement en anglais, et peu après en allemand. Catholiques et protestants, tous s'accordèrent à le louer. Le comte Bussi-Rabutin et Mme de Sévigné, en déclarant que ce livre était divin, ne restèrent certes pas au-dessous des éloges qu'en fit Bayle dans ses *Nouvelles de la république des lettres.* L'abbé Desfontaines, connu par ses critiques âpres et amères, disait de l'œuvre d'Abbadie, qu'elle effaçait tout ce qui avait paru jusqu'alors pour la défense du christianisme.

Cinq ans après ce traité en parut un second sur *La divinité de Jésus-Christ.* Celui-ci, qui peut être considéré comme une suite du précédent, sans avoir le même succès, n'affaiblit pourtant en rien la réputation de l'auteur. Ce fut cette publication qui amena l'essai de conversion tenté inutilement auprès du pasteur de Berlin.

Ces deux ouvrages sont ceux qu'Abbadie composa pendant son séjour dans le Brandebourg; en Angleterre, il en écrivit d'autres, mais qui n'ont pas la même valeur. Ce sont : un traité sur l'*Art de se connaître soi-même*, double étude psychologique et morale de l'homme; une *Histoire de la dernière révolution d'Angleterre* (celle de 1688), où l'auteur se propose de légitimer les droits du prince d'Orange; un *Panégyrique* de la reine Marie, prononcé en 1694 dans la même intention. En 1717, il publia un traité de controverse, intitulé: *De la vérité de la religion chrétienne protestante;* et, enfin, en 1723, parut son dernier ouvrage qui n'est qu'une suite du précédent, et où, sous ce titre: *Le triomphe de la Providence ou l'ouverture des sept sceaux*, il se laisse entraîner par son imagination à déduire de l'Apocalypse de saint Jean des conclusions qui n'ont de valeur que dans son enthousiasme.

Il méditait, à ce qu'il paraît, un ouvrage sur l'immortalité de l'âme et une critique du Dictionnaire de Bayle, lorsque la mort vint l'enlever à sa retraite et à ses travaux.

Telles sont les œuvres principales de l'homme que nous nous proposons d'étudier comme prédicateur. Ses sermons sont bien moins connus que plusieurs des ouvrages que nous venons de citer. Pour mieux dire, ils ne le sont pas du tout. Cependant ils ont été en grande édification à une époque riche en hommes de science et de vie chrétiennes, et ils ont fait dire de leur auteur à un de ses contemporains : « Ses talents, re-
« haussés d'une belle et vaste imagination, découvrent
« partout un grand maître qui se fraie de nouvelles
« routes et qui peint avec force et noblesse, intéressant
« également l'esprit et le cœur. »

II.

INDIVIDUALITÉ ET MÉTHODE.

Lorsqu'on se propose de connaître et d'apprécier un prédicateur, il faut d'abord, à notre avis, se rendre compte de ce qui dans ses facultés et ses moyens, dans la tendance de son esprit et dans son caractère le distingue, de ce qui le fait être *lui*, de son *individualité* en un mot. L'individualité, en effet, exerce son influence sur l'œuvre tout entière : elle imprime son cachet à chaque sermon : elle explique le genre et la méthode : elle donne la clef des défauts et la raison des qualités. Nous commencerons donc par caractériser en quelques traits l'individualité de Jacques Abbadie, et ainsi nous arriverons naturellement à sa méthode, et de là aux procédés qu'il emploie et aux développements qu'il préfère.

Une des facultés dominantes d'Abbadie était une vaste et riche imagination, qui s'élevait parfois jusqu'à l'enthousiasme. Quelques-uns de ses ouvrages, entre autres, ses *Panégyriques* et son *Triomphe de la Providence*, doivent à cette imagination la plupart de leurs développements, et dans ses *Sermons* elle se signale presque à chaque page. Cette imagination aurait pu être chez lui comme chez tant d'autres une cause d'écarts et d'abus. Il n'en fut rien pourtant. Un profond sentiment moral, une grande conscience du devoir le préservèrent de ce danger, et le stimulèrent à la vie active et pratique : « Tous ses ouvrages portent l'em« preinte de la passion de la sainteté chrétienne. » Ces paroles de Weiss nous pouvons les appliquer plus particulièrement à ses *Sermons*.

Contrepoids aux écarts de son imagination, ce sentiment du devoir l'était aussi aux conséquences rigoureuses de ses opinions dogmatiques. Fortement attaché à la religion, pour laquelle il s'était exilé de France et avait repoussé les avances de catholiques distingués, il avait adopté toutes les idées de Calvin sur les rapports entre Dieu et l'homme. Par toute la terre et en tout cœur, il reconnaissait le règne absolu du péché et l'impuissance humaine à briser cette chaîne ; au-dessus de ce monde corrompu, il voyait écrit dans leur inflexible infaillibilité les décrets de Dieu, choisissant ses élus et les prédestinant à la vie éternelle. Mais, grâce à son sens moral éminemment pratique, ces convictions, au lieu d'être pour lui un motif d'inertie et de fausse confiance, l'excitaient, au contraire, à la lutte et à l'activité. Puisque Dieu les avait prédestinés, lui et les siens, à la couronne de justice, ils devaient justifier son choix par la sainteté de leur vie. La souffrance était le dernier moyen employé par Dieu pour les rapprocher de lui. C'était à eux, choisis de l'Éternel, de le glorifier par leur vie au milieu des persécutions et des épreuves, et de persévérer jusqu'à la fin dans la sanctification pour être sauvés.

A ces traits caractéristiques se joint un fait qui, pour avoir sa source dans des circonstances extérieures, n'en est pas moins à signaler. Par opposition à l'Église catholique, qui était arrivée à ne faire de la Parole biblique placée en tête du sermon qu'un hors-d'œuvre et qu'un prétexte, et par une conséquence nécessaire des principes de la Réforme, qui cherchait avant tout son autorité et son droit dans la Bible, les prédicateurs protestants étaient amenés à demander à leur texte le germe de leurs développements et de leurs preuves. L'explication des Écritures, le sens des passages, l'étude exégétique de la parole citée, occupaient une large place dans leurs sermons. Nous devons donc nous attendre à retrouver la même tendance chez l'auteur dont nous nous occupons, puisqu'il appartient à la même époque et qu'il est placé dans les mêmes conditions.

D'après ce que nous venons de dire, on peut préjuger quelle sera la *méthode* d'Abbadie. Comme ses contemporains, il commentera la Parole biblique de manière à arriver à la conscience par l'exposition et par l'étude complète des vérités qui y seront contenues : mais pour rendre ces vérités plus frappantes, leurs détails plus saisissants, leurs conséquences plus évidentes, pour atteindre plus sûrement la conscience, le moyen qu'il emploiera de préférence sera l'*imagination.* C'est par l'*impression* qu'il s'efforcera de déterminer la volonté. Pour rendre l'impression plus vive et plus profonde, cédant, d'ailleurs, à ses convictions, voyant dans l'homme le pécheur qu'entourent de tous côtés les ténèbres du mal, et voulant lui inspirer l'horreur de ce mal, afin de déterminer une conversion, il emploiera volontiers les couleurs les plus sombres, les images les plus tristes; et il insistera sur les tableaux que lui présenteront les terribles conséquences du péché : en un mot, comme il l'indique lui-même, quand il dit : *je ne veux pas vous plaire*, *mais vous effrayer, la crainte* sera un de ses grands moyens d'action.

III.

TRACTATION.

§ 1. Arriver à la conscience par l'imagination et agir sur la volonté par une impression qui est le plus souvent celle de la crainte, telle est la voie qu'indiquait à Abbadie son individualité, et c'est en effet celle où il marche avec le plus d'aisance et qu'il suit avec le plus de profit. Dans cette voie, la *description* est la forme d'argumentation qui s'offre naturellement à lui, celle qui répond le mieux à ses moyens, en même temps qu'elle lui permet de satisfaire aux exigences de la prédication protestante contemporaine. Sa tractation est tantôt une *opposition*, tantôt une *succession* de tableaux.

Dans le premier cas, il montre à ses auditeurs les deux faces de la vérité biblique, le côté sombre et le côté riant (le bonheur et le malheur, la mort et la vie). Pour rendre la comparaison plus facile, il la présente sous forme d'images, en ayant soin d'assembler ses couleurs de telle sorte que celle sur laquelle il compte le plus fasse saillie et saute aux yeux. Et enfin, les deux tableaux présentés, l'impression produite, la comparaison faite, il abandonne ses auditeurs, leur laissant le soin de faire eux-mêmes leur choix.

Dans le second cas, il commence par un tableau général où il dépeint les effets terribles de tel ou tel péché (l'insouciance religieuse, l'incrédulité, la rébellion, le vice), les avantages et les douceurs de telle ou telle vertu (l'union avec Dieu, la piété, la charité); il continue par d'autres tableaux, plus particuliers, plus personnels, mais liés à ceux qui précèdent par l'identité d'idée et de but; il amène chacun de ses auditeurs à se reconnaître absent ou présent dans ces derniers, et de là à se faire l'application positive ou négative des premières scènes qui ont passé sous ses yeux. Il arrive ainsi à une application qui ne l'est que par le titre : car elle est bien plutôt le résumé du sermon; ce sont les tableaux du discours présentés en raccourci. Le prédicateur y a passé une dernière couche de couleur plus vive et plus brillante; ce qui lui permet de quitter son auditeur en se résumant pour ainsi dire en ces deux mots : *Vois et agis.*

Dans l'un et dans l'autre cas, qui d'ailleurs ne diffèrent que par la manière dont sont agencées les descriptions, pour que l'impression produite soit autre chose qu'une sensation qui s'efface dès que sa cause n'existe plus, pour rendre valables ses tableaux et ses scènes, Abbadie les asseoit sur une base plus solide qu'une simple théorie de l'imagination; il ne se contente pas de décrire, il prouve la valeur de ses descriptions. La base qu'il pose est celle des *faits*, la preuve qu'il invoque est celle de l'*autorité*. Et ici l'étude que ses divers travaux lui ont fait faire de la Bible, la connaissance qu'il a du cœur humain et de ses faiblesses, son courage à regarder en face les misères de l'humanité, le servent admirablement. Les exemples qu'il puise dans les Saintes Écritures, les leçons qu'il trouve dans l'histoire et dans les circonstances qui de près ou de loin accompagnent et précèdent ses prédications, les phénomènes dont il voit sa propre conscience et celle de ses frères être le théâtre, voilà où il trouve les sujets de ses peintures et de ses scènes, où il prend ses modèles et ses types, où il cherche ses preuves et ses effets. Il décrit toujours au nom de l'expérience, il exhorte chaque fois au nom du fait. Aussi, nous pouvons le dire dès à présent, sa prédication a-t-elle un cachet remarquable de force et d'autorité. Ce n'est pas le prédicateur qui décrit et qui parle, c'est la Bible, c'est l'histoire de tout le monde, c'est l'histoire d'un chacun. Le plus grand, le seul soin de l'orateur est de choisir des images justes, des faits réels, et de présenter à ses auditeurs un miroir fidèle.

Mais, pour que l'effet soit plus profond, pour que la détermination de celui qui l'écoute soit plus prompte, Abbadie choisit volontiers les tableaux les plus tristes, ceux sur lesquels le péché avec ses funestes conséquences jette sa teinte la plus sombre. Les misères de l'humanité, sa corruption, la grandeur de la coulpe qui pèse sur elle, les tourments de l'âme pécheresse, et par contre les jugements de Dieu, sa justice non satisfaite, les châtiments qui attendent le méchant, lui fournissent presque toujours le premier pendant de ses descriptions, celui pour lequel, choisissant son pinceau le plus coloré, il prodigue toutes les richesses de son imagination.

Enfin, notre prédicateur ne quitte son auditoire que lorsqu'il a épuisé tout ce que pouvait lui offrir d'exemples, de modèles et de leçons la Parole biblique qu'il a portée en chaire. Il ne se sépare de celui qui l'écoute que lorsque, n'ayant laissé aucun vide où il puisse trouver un échappatoire, il lui a *tout montré et tout fait voir.*

Pour justifier ce que nous venons de dire par quelques exemples, nous citerons d'abord le sermon sur *le principe de la mort et de la vie* (Romains VI, 23). — Abbadie arrive à son but par quatre descriptions parallèles: *a*) Qu'est-ce que la *mort* dont parle saint Paul? — *b*) Comment cette mort est-elle le *gage* du péché? — *a*) Qu'est-ce que la *vie* dont fait mention l'apôtre? — *b*) Comment cette vie est-elle le *don* de Dieu?

Dans sa *première partie*, pour répondre à la première question, il définit les trois espèces de mort dont il est parlé dans l'Écriture: 1° La mort de la *nature;* 2° la mort *morale*, conséquence du péché; 3° la mort *éternelle.* L'auteur, tour à tour, décrit les phénomènes qui précèdent ces trois genres de mort, puis les effets qui les accompagnent. C'est d'abord la mort physique avec ses déchirements et ses ruptures, puis c'est la mort morale plus triste encore. Enfin, c'est, conséquence des deux autres, la mort éternelle que décrit Abbadie à l'aide des couleurs que lui fournit l'Écriture, avant de recourir à son imagination. « Le feu ne « suffit pas, il y a du soufre, le soufre ne suffit pas, il y « a un ver, le ver ne suffit pas, il y a des ténèbres af« freuses. » Et au milieu de ces ténèbres, ce qu'il y a de plus terrible encore, ce sont les angoisses et les tourments de l'âme..... L'auteur fait suivre ces *descriptions* de quelques considérations tendant à prouver qu'elles sont bien le *gage* du péché. Il en trouve la raison dans les *trois idées* du mot *gage*, *proportion* de la récompense au travail, *existence* de cette récompense, sa *fidélité*. Il y a une proportion entre le péché et la mort, Dieu a promis de les unir, et il les unit parce qu'il est juste et fidèle. — Dans sa *seconde partie*, Abbadie nous présente sous une forme *parallèle* le pendant des tableaux qu'il vient de faire passer sous nos yeux. Ce qu'il nous décrit ici, ce sont les *joies solides* de celui qui a obtenu le don de Dieu, *la vie éternelle*, *les transports durables* de cette vie, son *amour éternel*. C'est le bonheur de l'âme qui, comprenant alors toute la grâce des attributs de Dieu, et connaissant le prix de ses promesses, *rassasiée à table avec Abraham, est ravie en la contemplation de la face de l'Éternel*. Et il termine, comme dans la partie qui a précédé, par quelques considérations où il démontre et définit que cette vie et ses joies sont bien le *don* de Dieu, et cela parce qu'il pouvait nous jeter dans les ténèbres de la mort, parce qu'il nous a donné Jésus-Christ...., parce qu'il met la foi et la repentance dans nos cœurs.... parce qu'il nous donne la persévérance. — Son *application* n'est pas autre chose que les parallèles du sermon présentés une seconde fois en termes plus brefs et plus colorés. Le prédicateur y rappelle d'abord les tourments du méchant que les passions de la terre privent des douceurs de la vie à venir, et qui durant sa vie même mort par le péché..., condamné par le tribunal de la conscience...., et brûlé par le feu des passions..., est enseveli dans les ténèbres de la préoccupation et dans celles du désespoir. — Puis les joies de la vie spirituelle réservées à ceux que Dieu appelle dans son royaume, royaume « où les corps se-« ront les temples de Dieu.... où les cœurs seront ses « sanctuaires, et où les âmes seront un paradis dans le « paradis même », et il termine par cette simple invocation: « Dieu veuille que nous soyons tous admis à la « contemplation de ces grandes merveilles! » L'auteur croit avoir assez fait en mettant sous les yeux des auditeurs les conséquences du péché et celles de l'union avec Dieu. A eux de choisir entre les deux et de se faire leur propre application!

Nous citerons encore le sermon, un des plus beaux et des plus dramatiques, sur *le Sacrifice d'Abraham* (Genèse XXII, 10). Ce discours nous offre non plus une opposition, mais une succession de tableaux: l'étude des *trois sens* de ce sacrifice, le sens littéral, le sens mystique et le sens moral, lui offre *trois objets* de méditation, *l'événement considéré en lui-même; le sacrifice de Jésus-Christ; le sacrifice à Dieu de ce que nous avons de plus cher*. Tel sera l'objet de chacune de ces *trois parties:* Dans la *première*, il nous *fera voir*, comme il l'annonce lui-même, Abraham levant le couteau pour le plonger dans le sein d'Isaac: dans la *seconde*, Dieu lui-même ayant le bras levé sur son fils: dans la *troisième*, le fidèle tenant à la main *l'épée de l'esprit* et égorgeant ses propres passions dans son sein.

Dans sa *première partie*, il nous montre donc Abraham sur le point d'égorger son fils: il nous dépeint tous les sentiments qui se passent dans le cœur du patriarche à l'ouïe de l'ordre divin: il compte pour ainsi dire toutes les pulsations du cœur paternel.

A la répulsion de la nature pour la mort et à la crainte de l'horreur qu'inspire le nom de meurtrier, se joint chez Abraham le fait plus éloquent de l'amour paternel. Pour donner plus de dramatique à l'action, Abbadie fait parler le patriarche : il lui laisse dépeindre à lui-même la lutte qui se passe dans son cœur, lutte entre son amour pour son fils et sa soumission à Dieu : le second sentiment l'emporte : le père s'efface devant le serviteur de l'Éternel. Si le prédicateur reprend la parole, ce n'est que pour résumer cette lutte en quelques mots, et pour insister une dernière fois sur l'immensité du sacrifice d'Abraham, sacrifice de sa gloire, de sa réputation, de ses espérances. Dans sa *seconde partie*, Abbadie transporte son auditeur devant une autre scène. Ce n'est plus Morija, c'est le Calvaire : ce n'est plus Isaac, c'est Jésus : ce n'est plus Abraham, c'est Dieu. Il nous définit les rapports et les différences qu'il y a entre ces deux faits : *rapports :* Isaac est le fils unique d'Abraham : Jésus est l'unique de Dieu.... Isaac a reçu le jour comme par miracle : la naissance de Jésus est plus miraculeuse encore.... Le premier est une victime innocente : le second est l'innocent et le juste.... Isaac est le *fondement* des promesses de *l'ancienne alliance :* Jésus porte en lui *toutes* les bénédictions du ciel, etc. Après les rapports, les *différences* qu'il nous présente également sous forme de *descriptions.* — La victime du Calvaire se présente volontairement.... au Calvaire c'est Dieu qui sacrifie.... Ceux à qui on sacrifie sont misérables et corrompus.... c'est un Dieu qui est sacrifié.... etc. — La *troisième partie* est l'application de ces deux sacrifices : nous devons sacrifier ce que nous avons de plus cher, et cela sans hésitation et sans faux prétexte : ainsi *nous monterons vers Dieu, et Dieu viendra vers nous comme il vint vers Abraham.*

Qu'on nous permette d'indiquer, comme dernier exemple de cette manière par description, tout le commencement du sermon sur *La mort du juste* (Nombres XXIII, 10), sermon remarquable par son énergique éloquence. Pour amener ses frères à bien mourir, Abbadie leur offre une série de tableaux représentant les côtés sombres et terribles de la mort, suivant les points de vue sous lesquels on l'envisage : par rapport à la nature, elle en est la dissolution... par rapport au monde, elle est le nivellement.... par rapport à notre corps, elle en est la pourriture; par rapport à notre conscience, elle est une messagère de nouvelles effrayantes. La mort ainsi décrite, le prédicateur trace une nouvelle série de scènes qui ont pour but de dépeindre les différentes manières dont l'homme peut mourir : en *bête*, en homme, en philosophe, en homme de bien. Dans sa seconde partie, l'évidence du voisinage de la mort, les horreurs de la fin du méchant et les ravissements de celle du fidèle lui donnent le sujet de nouvelles peintures, dont l'Écriture lui fournit les premières couleurs.

Cette manière de procéder par tableaux et descriptions a ses défauts et ses lacunes. Elle a surtout plusieurs écueils à redouter. Le prédicateur est exposé à se complaire dans des détails, peut-être agréables et justes, mais qui ne sont que des sentiers détournés, l'écartant de la grande route au bout de laquelle est le but à atteindre. L'impression ne peut être que passagère et s'effacer sans laisser dans le cœur de racines profondes et durables, ou bien, par cela même qu'il veut éviter ce danger, l'orateur sacré risque de trop charger ses couleurs et d'exagérer ses exemples, de telle sorte que l'auditeur, heureux peut-être de trouver un prétexte qui mette à l'abri ses scrupules, refuse de s'y reconnaître et de s'en faire l'application.

Abbadie n'échappe pas toujours à ces écueils : ainsi, dans son sermon sur *Les principes de la mort et de la vie*, entraîné par son imagination, lorsqu'il décrit l'appareil lugubre de la mort et les horreurs de la fin du méchant, au milieu d'un luxe abondant d'images belles et énergiques, il oublie la liaison entre cette mort et le péché; il peint parfaitement la cause et l'effet, mais il néglige le rapport qui les unit. De même encore, lorsque, dans son sermon sur *Le méchant fait une œuvre qui le trompe*, il veut inspirer la crainte du péché par les conséquences mêmes qu'il entraîne, il cherche les passions les plus odieuses; il demande à la Bible comme exemples, le meurtrier d'Abel, les frères de Joseph, les assassins de Jésus, le traître qui livra le Sauveur, et ainsi il s'expose à ce que ses paroles aient peu de fruits; car aucun de ceux qui l'écoutent ne peut consentir à se reconnaître dans un Judas ou un Caïn, ni à se ranger parmi ceux que la morale humaine flétrit du nom de vicieux et de criminels.

Mais, à côté de ces écueils, cette méthode offre à celui qui l'emploie, Abbadie nous en est un exemple, des avantages réels et précieux; elle lui promet des résultats riches et féconds.

Bien employée, comme notre auteur sait souvent le faire, c'est-à-dire, s'appuyant sur des expériences réelles, cherchant ses peintures dans des faits et non dans des rêveries plus ou moins hypothétiques, prenant ses exemples dans la connaissance de l'Écriture et dans l'étude du cœur humain, elle est bien propre à donner à la voix du prédicateur ce ton d'autorité si nécessaire à celui qui parle au nom de Dieu, et qu'Abbadie possède à un haut point.

De plus, elle est, de toutes, celle qui est le plus capable de produire de grands effets et d'entraîner les masses, celle qui trouve le mieux ce précieux secret de popularité, sans lequel il n'est pas d'éloquence possible. Plusieurs sermons d'Abbadie, certaines expressions et idées qui ne sont plus de notre époque une fois retranchées, pourraient se prêcher dans nos temples. En serait-il de même pour beaucoup des prédicateurs du dix-septième siècle, même d'entre les plus renommés? Dans une assemblée, l'imagination est en effet la faculté qui offre le plus de prise : celui qui ne s'adresse qu'à la raison, sera suivi jusqu'au bout par quelques auditeurs, hommes d'élite sans doute, mais qui ne forment que la petite minorité de nos auditoires. Celui qui demande ses ressources au sentiment, aborde la voie qui certainement est la plus favorable à la véritable édification, mais qui exige le plus de délicatesse, le plus de tact, le plus de richesse de cœur : sans quoi elle ne sera du goût que de quelques âmes faibles. L'imagination, au contraire, s'adresse à tous, est à la portée de tous, et par conséquent agit sur tous; et plus le concours est nombreux, plus ses effets se multiplient en étendue et en puissance.

Quoi qu'il en soit d'ailleurs, cette manière d'Abbadie de placer ses auditeurs devant le miroir où ils doivent se reconnaître, et de leur présenter dans leur vivante réalité leurs souillures et leurs imperfections, est propre à produire de grands motifs de conversion et à fournir de puissants effets pratiques, ce qui après tout doit être le but de toute prédication. Le meilleur moyen, en effet, d'engager quelqu'un à effacer la tache qui est sur son visage n'est-il pas de lui mettre une glace devant les yeux?

§ 2. Il nous a été facile de reconnaître que, dans les sermons dont nous venons de nous occuper, Abbadie n'oublie pas les exigences que la Réforme imposait alors à ses prédicateurs. L'instruction, par l'explication directe de la Parole biblique, a bien sa place dans sa tractation; seulement elle s'efface derrière la forme employée. Mais nous avons de lui d'autres discours où il revient complétement à la manière de ses contemporains, qui *épelaient la Parole biblique* (Vinet), et dont les discours ne sont ni des sermons, ni des homélies, mais une transition entre les deux genres; école dont Jaquelot, par sa clarté et sa simplicité, nous paraît être un des meilleurs types. *Décomposer* le texte dans toutes ses parties, en *expliquer* les différents sens, en *définir* les différents termes, l'étudier sous toutes ses faces, tel est le but que se propose alors Abbadie.

Dans les sermons de ce genre, l'*analyse* et la *définition* doivent, on le comprend aisément, jouer le plus grand rôle. Aussi Abbadie en use-t-il jusqu'à la profusion. Sa tractation n'est qu'une longue analyse: Le point de vue sous lequel la Parole citée est placée par le contexte; la valeur des termes qui la composent; les différents sens d'après lesquels elle peut être entendue; la preuve des vérités dogmatiques ou morales auxquelles elle se rattache, l'auteur veut *tout expliquer*, *tout dé-*

finir, tout analyser: il veut ne rien omettre: il veut avant tout être complet. Ce n'est plus l'ouvrier qui dans la mine découverte choisit un filon qu'il épuise avant de toucher aux autres : c'est celui qui porte la pioche sur tous à la fois, afin de s'en approprier toutes les richesses, mais qui emporte mêlée à l'or beaucoup de poussière.

Voici en quelques mots quelle est la marche d'Abbadie dans ces sermons : il commence par étudier son texte dans ses rapports avec le contexte: cela fait, il l'isole pour en scruter tous les détails, ceux de sens comme ceux de mots. Cette Parole biblique de près ou de loin se rattache à un dogme : il analyse ce dogme, établissant sa nécessité et s'élevant contre tout dogme contraire. La Parole biblique renferme une ou plusieurs leçons, il passe en revue ceux auxquels elle s'adresse et ceux qu'elle condamne, les besoins auxquels elle répond et les résultats auxquels elle arrive : il aborde tous les sujets auxquels l'amène le courant de sa tractation : il emploie toutes les formes d'arguments qui s'offrent à lui; chaque fois il rend un compte détaillé du pourquoi et du comment, et lorsqu'il a ainsi *pressé* son texte pour en tirer tout ce qu'il était possible, il arrive à une application, qu'il s'efforce de rendre aussi complète que l'a été sa tractation.

Un exemple nous fera mieux comprendre cette marche d'Abbadie ; prenons son sermon sur *Le chemin qui conduit à Dieu* (Jean XIV, 6). Avant d'aborder la question : Comment Christ est-il le chemin, la vérité et la vie? Abbadie commence par expliquer dans quel sens doivent être prises les paroles de son texte ; il justifie leur sens figuré par l'habitude qu'avait Jésus de procéder par images et par paraboles, et il démontre la justesse de cette allégorie par le fait que l'homme ici-bas est en voyage: alors il revient à son sujet; dans ce voyage, Christ nous guidera. Il s'arrête encore pour démontrer à son auditeur la nécessité où il était d'un guide; et cela il le fait en lui dépeignant tous les abîmes dont est entouré le monde où il marche, abîmes dont l'horreur doit faire chercher Jésus; à Jésus se rattachent les trois idées de rachat, d'appel, de sanctification, ce qui ramène le prédicateur aux trois idées de son texte: 1° Christ est le *chemin*. Il énumère et explique les rapports qu'il y a entre Jésus et un chemin...: entre Dieu et l'homme il y avait rupture. Les passions de l'homme avaient repoussé Dieu, Dieu offensé s'était éloigné de l'homme: il fallait ôter cet éloignement réciproque. Jésus seul pouvait le faire, sa nature divine et humaine étant le lien entre le ciel et la terre: il l'a fait en donnant son sang à Dieu, son esprit aux hommes; par son sang, nous avons accès vers Dieu : par son esprit, Dieu a accès vers nous.... Le prédicateur développe ces idées avec foi et chaleur, et il arrive à un transport de joie et de reconnaissance que lui arrache le sentiment de savoir ainsi ouvert le chemin qui conduit à Dieu. 2° De même que Christ est le chemin, il est la *vérité* et cela à quatre égards: *a*) parce qu'il jette la lumière dans notre conscience; *b*) parce qu'il est le fond de la révélation; *c*) parce qu'il inspire les prédicateurs; *d*) parce qu'il a ajouté à ces grâces les lumières de son esprit. Abbadie développe ces deux premières idées, et ne fait qu'indiquer les deux dernières. 3° Enfin Christ est la *vie*, et cela parce qu'il nous empêche de mourir... par lui nos corps ressusciteront.... Il nous a menés à la vie éternelle... il donne la vie à l'âme fidèle... Il nous anime et nous fortifie par sa grâce. L'auteur termine par une éloquente page en invoquant le témoignage de l'Écriture, des prophètes, des oracles, des martyrs; il les montre confirmant celui que Jésus se donne à lui-même, en même temps que notre conscience et notre cœur le corroborent.

L'amour, la reconnaissance, la joie, l'attachement à la religion, voilà les sentiments qu'a inspirés à Abbadie l'étude de son sujet et qu'il cherche à faire passer dans l'âme de ses auditeurs; c'est ce qui lui fournit son application.

Dans ce sermon, comme dans celui sur *La nouvelle créature*, celui sur *Le règne glorieux de Christ*, et ceux composés d'après la même méthode, la marche d'Abbadie n'a plus la liberté d'allure avec laquelle nous l'avons vu procéder ailleurs. Ici, ses moyens sont en partie paralysés : son imagination est oppressée par le cadre qu'il lui a imposé. Quelquefois elle brise la chaîne qui la retient et reparaît dans tout son éclat, mais ce n'est qu'un éclat. Le prédicateur l'arrête bientôt pour reprendre la marche qu'il s'est tracée; cette marche est lente et pénible. Car, comme elle s'arrête sur tous les sujets auxquels l'étude du texte la conduit, une nouvelle définition vient à chaque pas l'entraver, une nouvelle explication la ralentir; et si Abbadie arrive à son but, qui était de présenter à ses auditeurs un tout complet, il nous offre souvent aussi une masse uniforme où rien n'est en saillie et où l'œil a peine à distinguer la vérité qui doit ressortir dans son unité et son application. De plus, lorsque la Parole biblique a une forme prophétique, dans son désir de recueillir tout ce qu'elle prédit, et pour cela dans son zèle à trouver les rapports des signes et des temps, notre prédicateur, se laissant aller alors à tous les écarts de son imagination, arrive à des conclusions fausses et imaginaires. Nous en avons un exemple frappant dans le sermon auquel le psaume LXXII sert de texte, où il arrive à préciser, non-seulement ceux qui seront membres du royaume glorieux prédit par ce psaume, et l'époque de son avénement, mais encore le lieu où il se formera et le David qui le présidera.

Ce genre de sermons, qui n'est qu'une étude détaillée de la Parole biblique, est difficile; il exige plus que tout autre les qualités de clarté, d'ordre, d'unité, et cela, parce que par lui-même il y prête moins; il demande beaucoup de jugement pour ce qu'il faut prendre ou laisser, beaucoup de discernement pour ce qu'il faut effleurer en passant ou sonder complétement; il veut, enfin, la précision et la gradation qui doivent empêcher à l'analyse que l'on fait du texte d'être pénible, languissante et monotone. « Analyser, « ce n'est pas seulement éplucher, disjoindre, c'est en « même temps lier, c'est conserver et marquer les arti- « culations; c'est respecter la vie du texte, c'est le dé- « velopper plutôt que de le décomposer » (Vinet). Ce genre est surtout difficile lorsque le texte renferme plusieurs sujets; car alors la tractation, en voulant les aborder tous, est exposée non-seulement à manquer d'unité, mais encore à être confuse et embrouillée.

Mais de ce que ce genre est difficile et de ce que des orateurs de grand mérite y ont échoué, en conclurons-nous qu'il faille le laisser de côté? Loin de là; car c'est celui qui est le plus capable de former la conviction de l'auditeur et de lui inspirer une foi réelle et vivante; c'est celui qui fait le vrai chrétien et qui le rend ferme et inébranlable dans ses croyances, en lui apprenant à s'en rendre compte par lui-même et à leur donner pour base unique la vérité. A une époque de lutte, ce genre fut jugé nécessaire, et des prédications dont les détails théologiques ennuieraient de nos jours, devinrent populaires. A notre époque de paix et d'attiédissement, nous regrettons que, au lieu de le modifier et de le mettre en rapport avec nos besoins, on ait préféré le laisser presque complétement de côté, et que ce grand moyen d'instruction et d'édification protestantes soit si rarement employé dans nos Églises.

IV.

DISPOSITION.

Nous venons d'étudier les différentes manières dont se sert Abbadie pour traiter les idées qui lui ont été suggérées par son texte; il nous reste à voir comment il module le vase où il renferme ces idées, quelle est la forme du cadre qu'il donne à son sujet; en un mot, quel est son *plan*. Et ici notre tâche est courte et facile; car nous trouvons toujours à la base le même principe et, par conséquent, dans le fait à peu près les mêmes formes.

D'abord, dans tous ses sermons, la forme générale du plan est invariablement la même, celle que, d'ailleurs, nous retrouvons dans presque tous les sermonnaires. C'est d'abord l'exorde, que termine une partition ou un énoncé des différentes divisions du sermon, énoncé qui, chez notre auteur, devient quelquefois un programme trop long et trop détaillé; puis vient la tractation proprement dite, se développant dans plusieurs parties, dont chacune est ordinairement précédée d'une introduction, qui est presque un nouvel exorde; enfin le discours se termine par une application que finit presque toujours une invocation.

Jusqu'ici Abbadie dans la conception de son plan n'a rien de particulier, si ce n'est sa persistance à agir invariablement de la même manière. Mais laissons le plan général, pour l'envisager dans ses détails.

Nous avons vu que c'est toujours dans son texte qu'Abbadie va chercher son sujet, et que dans quelques-uns de ses sermons ses développements suivent pour ainsi dire pas à pas la Parole biblique. Cette importance donnée au texte devient chez lui dans la conception du plan un principe où nous ne trouvons presque pas d'exception. C'est à *son texte* que notre prédicateur demande *son plan*. Le cadre de la citation scripturaire, en s'étendant et en s'élargissant, devient celui du sermon : les différentes propositions de la Parole biblique deviennent les grandes divisions du discours: les termes qui les composent donnent les subdivisions ; quand ce ne sont pas les termes, ce sont les sens ou les notions. En un mot, lorsqu'on examine la charpente sur laquelle est construite le sermon d'Abbadie, d'un bout à l'autre on y voit pour base et pour jointures soit un mot, soit un sens, soit une idée de la citation biblique.

Cette méthode de division est, on le comprend, peu favorable à un développement logique du plan : si ce développement n'est pas dans le texte, il ne se trouve pas non plus dans le discours, dont les différentes parties sont divisées et unies par des transitions de mot et de convention, plutôt que par l'idée ou le sentiment. Abbadie tâche d'y remédier par la *symétrie*. Dans ses sermons en général, tout est *parallèle :* telle proposition s'oppose à telle autre : tel tableau est le pendant d'un précédent. Aussi choisit-il de préférence les textes composés de plusieurs termes juxtaposés (*je suis le chemin, la vérité et la vie*), ou de propositions dont les unes sont la contre-partie des autres (*Le gage du péché c'est la mort; mais le don de Dieu, c'est la vie éternelle. — Le méchant fait une œuvre qui le trompe : mais le loyer est assuré à celui qui sème la justice*). Il le fait d'autant plus volontiers que c'est là que son penchant à procéder par descriptions trouve le mieux à se satisfaire. Alors ses divisions sont claires et bien ordonnées : sa marche est facile. Le seul reproche qu'on pourrait lui faire est quelquefois celui d'une certaine monotonie à laquelle est exposée cette voie par parallélisme.

Nous pouvons en juger par son sermon sur *Le méchant fait une œuvre qui le trompe, etc.* (Prov. XI, 18). Après avoir appuyé son texte d'autres citations bibliques, il annonce la division de son sujet : Dans la *première partie* il étudiera *a*) la conduite du méchant, *b*) son succès. Dans sa *seconde partie*, il opposera *a*) la conduite du juste, *b*) son succès. Dans la première division, d'un côté la direction extérieure de la Providence (exemples bibliques), de l'autre la nature même des choses (étude de la vengeance, de l'orgueil, etc.) lui fourniront ses deux grandes subdivisions. Dans la seconde, les trois idées de la semence (abondance, perte et moisson), les trois idées parallèles pour les bonnes œuvres, et enfin les trois sens du terme salaire (bien assuré à une œuvre par une promesse, bien qui a quelque convenance avec une bonne action, bien qui a une proportion exacte avec le mérite d'une bonne action) lui donneront les différents détails de son cadre. Dans l'application, les deux grandes idées du texte se retrouveront dans le même parallélisme, et le discours se terminera par une exhortation à la réjouissance et à la confiance.

Lorsqu'il a un texte composé soit d'une idée unique, soit d'une vérité avec sa conséquence logique, il nous offre dans le sermon la même clarté et la même facilité dans la marche vers le but : ainsi, par exemple, dans celui sur l'adoration spirituelle (*Dieu est esprit : il faut que ceux qui l'adorent, l'adorent en esprit et en vérité*. Jean IV, 24), sermon fécond d'ailleurs en pages éloquentes, voici comme il procède. L'étude du dogme et celle de ses conséquences lui fournissent naturellement la division de son discours. Les définitions du terme esprit, les preuves de cette spiritualité, l'attaque de ceux qui la nient, et l'explication des passages de l'Ancien Testament où Dieu est représenté avec des images matérielles sont le cadre de sa première partie. La nécessité des paroles de Jésus, nécessité qui a sa preuve : 1° dans les ordres de l'Écriture, même de l'Ancien Testament ; 2° dans le fait que tout autre culte donnerait de Dieu des idées fausses, et les conséquences de cette vérité (*a*. Le culte doit être proportionné à la nature de Dieu ; *b*. le culte de la loi devait être aboli ; *c*. le culte évangélique est le seul véritable) lui fournissent les divisions de sa seconde partie. Ce plan, clair et logique, l'amène à une belle apologie de la religion réformée, apologie qui se termine par un long et éloquent cri de douleur que lui arrachent les malheurs de ses frères.

Mais lorsque le texte est composé de propositions dont les notions n'ont pas d'enchaînement entre elles, dont l'une ne tient à l'autre que par une idée secondaire, alors la clarté et l'ordre ne sont plus les qualités d'Abbadie; les transitions sont forcées et artificielles, le plan se développe sans unité. Il s'efforce d'y remédier par le nombre des divisions et des subdivisions; la marche n'en est pas plus claire. Ces défauts apparaissent dès l'exorde qui, contenant deux ou trois idées indépendantes les unes des autres, manque de sa qualité la plus essentielle, l'unité. Voulant toucher à tous les sujets que lui offre l'étude de son texte, notre prédicateur s'avance péniblement au milieu de divisions, de définitions, d'explications et de raisonnements qui se croisent et se mêlent sans ordre, et ses conclusions se ressentent du peu de clarté et d'unité dans le corps du sujet. Ainsi, dans le long et interminable sermon auquel le Psaume LXXII sert de texte, Abbadie rapproche la prédiction qu'il trouve dans le psaume de la prophétie d'Ésaïe; pendant la moitié de son sermon, il fait marcher les deux sujets de front, espérances messianiques, espérances terrestres, règne spirituel de Jésus, règne matériel des élus, caractères de ces règnes, étude des signes et des paroles qui en prévisent le temps, le lieu, etc., controverse contre ceux qui refusent de le croire, Abbadie renferme tout cela dans cinq parties aussi longues les unes que les autres, et arrive au milieu d'un chaos de citations, d'explications, de rapports typiques à des conclusions que nous pouvons presque traiter de chimères.

Ces défauts ont leur explication dans le but, que se propose notre prédicateur, *d'épuiser* son texte; vis-à-vis de ce dernier, il ne sait pas ou ne veut pas garder son indépendance ni sa liberté de choisir telle ou telle division. Cette explication est en même temps une excuse. Ce respect pour la Parole biblique portée en chaire peut et doit faire pardonner bien des lacunes.

V.

MATIÈRE ET FORME.

Le but de la prédication d'Abbadie est, avons-nous vu, de frapper et d'impressionner la conscience: la voie qu'il suit pour l'atteindre est en général celle que lui ouvre l'imagination : la preuve dont il se sert pour donner de l'autorité à sa parole est le plus souvent celle que lui fournit l'Écriture. Il est facile de conclure de là, quels sont les matériaux où il va chercher ses développements. Les paroles et les exemples des Livres saints, les faits psychologiques dont la conscience est la cause, les côtés sous lesquels l'imagination peut embrasser les uns et les autres, telles sont les trois grandes sources où Abbadie puise à pleines mains, et dont il se sert, nous avons hâte de le dire, avec un grand bonheur.

Ses *citations* sont nombreuses, surtout celles de l'Ancien Testament. Les prophéties, les récits bibliques, les exemples scripturaires, etc., abondent dans ses sermons; il est rare qu'il ne les emploie pas avec beaucoup d'à-propos, et qu'il ne sache pas les faire parler bien haut en faveur de la thèse qu'il soutient. Chaque fois qu'il monte en chaire, son premier soin est de montrer, la preuve en main, que la Bible est pour lui et avec lui. Veut-il, par exemple, prouver que les faux calculs du méchant le conduisent à sa ruine? C'est dans des exemples qu'il cherche ses arguments; et les premiers qui viennent sous sa plume sont ceux que lui fournit l'histoire sacrée : « C'est Adam qui pèche « pour se procurer le fruit de l'arbre et qui est chassé « du paradis... C'est Caïn... c'est Esaü... c'est Judas qui « veut satisfaire son avarice et qui achète le remords.... « Ce sont les Romains qui font mourir Jésus parce qu'il « s'est appelé le roi des Juifs et qui par sa mort établis- « sent son empire... Les Juifs crucifient cruellement « Jésus-Christ, et le cri de Jésus mourant appelle une « infinité de martyrs. La croix devient un signe de gloire... « etc. » Veut-il amener ses auditeurs à tout sacrifier à Dieu, tout jusqu'à leurs biens les plus précieux, s'il le faut? Il va nous décrire le drame qui se passe à Morija, il va mettre en scène Abraham, il va lui faire exprimer, à lui-même, sa résistance et puis sa soumission ; il arrache au cœur du patriarche cette sublime expression d'abnégation devant son Dieu : « Oui, je te sacrifierai « mon fils, je t'immolerai ma joie et mes espérances, « c'est mon cœur que je t'offre sur ce triste bûcher.... »

Lorsque ce n'est pas de la Bible qu'il s'inspire, c'est à l'étude de la conscience qu'il demande ses ressources. Faiblesses et défaillances de l'humanité, et en face règne et puissance du péché : Exigences d'une règle de devoir imposées à chaque homme, et d'un autre côté penchant au mal qui les fait fouler aux pieds: Sentiment de la joie intime et de l'immense bonheur auquel conduit la route du bien, et par contre impuissance de persévérer jusqu'au bout dans cette route.

Ici c'est l'angoisse de l'âme pécheresse, avant-coureur du jugement divin; là c'est l'amère tristesse du cœur corrompu, prélude des ténèbres de la vie à venir. Et au-dessus de tout cela, c'est le besoin d'une grâce d'en haut, d'un secours divin et la joie de l'âme qui a trouvé en Jésus ce secours et cette grâce... Tels sont les faits qu'a appris Abbadie en interrogeant sa propre conscience, celle de ses frères, celle du monde : en se révélant à lui, ces faits l'ont vivement saisi, profondément convaincu ; et sous cette impression il parle, il presse, il exhorte. Autant il se hâte de dire au croyant de se réjouir, autant il hésite peu à déclarer au méchant qu'il doit trembler. Pour qu'aucun de ses frères ne puisse se faire illusion, il ne craint pas de leur dire la vérité, toute la vérité. S'ils ne veulent pas reconnaître leurs défauts, ce n'est pas faute à l'orateur de les leur montrer ; s'ils ne veulent pas voir l'abîme, ce n'est pas faute de le leur dépeindre affreux ; s'ils refusent de se convertir, ce n'est pas faute de leur décrire les terribles conséquences de leur résistance. Véhément et dramatique, Abbadie met le pécheur à nu devant lui-même. Sans doute, il n'a pas cette onction douce et pénétrante qui est le partage d'une prédication de sentiment ; il demande rarement ses moyens au sentiment; mais cette lacune, volontaire peut-être, car Dieu lui avait donné un cœur aimant et dévoué, il la rachète et la compense par la force de sa pensée, par l'énergie de sa mâle éloquence. Il frappe fort, il brise même; mais en frappant, il corrige; en brisant, il reconstruit. Entendez-le dans son sermon sur *Les afflictions*, où, après des pages déchirantes que lui arrachent les infortunes de ses frères, après de véritables larmes de sang données à ces infortunes, tout à coup, comme s'il craignait d'y voir un murmure, une incitation à l'orgueil, il se relève pour reprocher aux malheureux leurs malheurs : « Si Dieu s'est éloigné de vous, « s'il vous a abandonnés, c'est que vous vous êtes éloi- « gnés de lui. » S'exprimer ainsi dans une chaire qu'entourent des fidèles souffrants et exilés pour leur religion! Quel courage! Quelle confiance en son autorité!

Cette franchise dont la rudesse peut nous étonner, cette hardiesse à déchirer les voiles et à appliquer le fer rouge sur la plaie, nous les retrouvons à chaque page. Qu'ici, s'élevant contre celui qui veut chercher en lui-même sa propre force, il lui dise que: « l'homme « n'est qu'une ombre qui passe, et qu'en face du juge- « ment qui suit la mort, mort toujours suspendue sur « sa tête, il n'est qu'un misérable coupable. » — Que là, pour faire toucher au doigt la folie de celui qui ne veut pas voir en Jésus le chemin conduisant à Dieu, il lui décrive le monde où il se trouve: « monde qu'envi- « ronnent de tous côtés les abîmes et les précipices, où « il est plongé dans les ténèbres, et où il marche comme « un aveugle et un insensé. » — Qu'ailleurs, il cherche à inspirer l'horreur pour la mort que donne le péché: « Les supplices de l'âme sont plus terrible encore; éga- « lement convaincue de ses crimes et de sa faiblesse, « elle fuit sans pouvoir se sauver : craignant Dieu et se « craignant elle-même.... Portant un enfer secret où « les remords, le désespoir, la vengeance de Dieu, la « poursuivent de quelque côté qu'elle se tourne... La « mort est dans ses yeux, dans son souvenir, dans son « cœur, dans son esprit... Morte en ses pensées, en ses « désirs, en ses espérances, en son amour... Morte par

« le passé et par l'avenir, par ce qu'elle a et ce qu'elle « n'a plus; mourant continuellement pour être plus « misérable, elle n'en vivra pas moins toujours pour « mieux sentir sa misère. » C'est toujours la même énergie, le même entraînement.

Partout aussi l'imagination de l'auteur jette sur ces développements la richesse des peintures et le dramatique de l'action : portout elle sème de belles comparaisons, d'heureuses images, de vives couleurs. — « La « mort est le rouleau niveleur qui efface l'éclat des « dignités et le prix des richesses (*Sermon sur la mort « du Juste*). — Jean-Baptiste est l'aurore que les yeux « du Juif peuvent contempler, tandis que la vue du « soleil les fatigue et les envenime. — Les premières « persécutions des Juifs contre Jésus sont : « la petite « flamme qui doit devenir l'incendie : il embrasera les « moissons, consumera les forêts, embrasement qui « doit édifier l'Église et réjouir les anges (*Sermon sur le feu des afflictions*). — L'ironie s'échappe aussi quelquefois des livres d'Abbadie, mais elle garde un ton trop élevé pour pouvoir blesser notre goût. Ainsi, quand il veut jeter le mépris sur les vains efforts du méchant: « Du haut des cieux, Dieu, s'écrie-t-il, rit des efforts, « des inquiétudes, des desseins pernicieux du méchant, « et les rendant inutiles, prend le péché pour écraser « le pécheur, choisit la corruption pour punir la cor- « ruption, permet tout pour punir tout. »

Enfin, s'unissant à l'énergie morale du prédicateur, son imagination lui inspire souvent de grands et de beaux mouvements oratoires, tels, par exemple, que celui-ci : « La mort de la nature, c'est la ruine de toutes « les espérances, la rupture de tous les liens... C'est

« la pierre dont il est parlé dans les révélations de Da- « niel qui brisait l'or et l'argent et la terre à potier. Elle « détruit les empires les plus florissants, change l'état « et la face de l'univers.... Elle est un triste et épouvan- « table réveil après le sommeil du péché, qui inspirait « à l'homme mille songes agréables... par elle le temps « n'est plus, la vie a passé, le monde est plié comme un « rouleau; le jugement se tient; l'arrêt se donne, et « l'âme pécheresse est mise au nombre des ennemis de « Dieu, et des victimes éternelles de sa vengeance! » (*Le principe de la mort et de la vie*).

Ajoutons en terminant qu'à tout cela Abbadie joint les qualités d'un style clair, varié, dramatique, populaire, qui, quoi que dise Voltaire du style du refuge, n'est pas indigne du grand siècle.

Nous voici arrivé au bout de notre tâche. Avons-nous atteint le but que nous nous proposions en commençant? Nous voudrions l'espérer. Mais l'imperfection de notre travail nous fait craindre d'avoir laissé dans l'ombre bien des détails et bien des faits qui auraient donné plus de valeur à nos jugements. Nous redoutons surtout, et c'est là le plus grand reproche que nous nous faisons, qu'Abbadie ait à souffrir de notre insuffisance à le bien apprécier.

Cependant nous espérons en avoir assez dit pour prouver que, comme prédicateur, le pasteur de Berlin et de Londres n'est pas trop au-dessous de la réputation que lui mérita son ouvrage sur la religion chrétienne, et pour oser formuler de la manière suivante les conclusions où nous a conduit l'étude de ses discours.

La valeur réelle des sermons d'Abbadie et son genre de prédication justifient la popularité dont il jouit auprès de ses contemporains.

Si Abbadie ne peut être appelé un grand maître, s'il ne peut être opposé aux grands modèles de l'Église catholique, du moins il est de beaucoup supérieur à ceux que l'école romaine cite après avoir nommé les Bossuet, les Massillon, les Bourdaloue. Et, de plus, il mérite d'être placé *des premiers* parmi ceux qui suivent le grand Saurin.

Enfin, les sermons d'Abbadie nous rappellent bien et font revivre à nos yeux le célèbre et éloquent avocat de la religion chrétienne, le zélé défenseur de la Réforme, le chrétien énergique, le serviteur dévoué de Jésus-Christ. — Et comme nous l'avons dit en commençant, Abbadie n'est pas le seul! Il n'est qu'un des soldats d'une sainte cohorte dont les rangs sont pressés! Aussi ne pouvons-nous que répéter : Quelle joie pour le cœur protestant! Quel héritage pour les fils de ces vaillants champions de la Réforme! Quel beau et vaste champ à moissonner!

THÈSES.

1. La place qu'occupe la prédication dans notre culte répond bien à l'esprit et aux exigences de la Réforme, c'est donc à tort que l'on voudrait amoindrir son importance en faveur de l'élément rituel.

2. Toute prédication qui n'atteint point la conscience manque son but.

3. Pour arriver à la conscience, le prédicateur possède trois moyens : l'intelligence, l'imagination et le cœur ; s'il veut être parfait, il doit les employer chacun dans sa juste mesure: par le premier, il intéressera la partie éclairée de son auditoire ; par le second, il entraînera la masse ; par le troisième, il édifiera les âmes pieuses.

4. L'Écriture sainte doit *autaut que possible* former le cadre du sermon, et *toujours* le point central des idées.

5. Les paroles et les grands faits de la vie de Jésus mis à part, l'épître de Jacques est une des pages les plus édifiantes du Nouveau Testament.

6. Dans le Nouveau Testament, le motif de sainteté et celui de bonheur nous sont souvent présentés comme indépendants l'un de l'autre.

7. Les exhortations de saint Paul en appellent toujours au libre arbitre de l'homme.

8. La meilleure apologétique est sans doute celle qui se base sur la conscience ; mais on aurait grand tort de repousser les autres sources de persuasion.

9. De nos jours, une confession de foi au sein du protestantisme serait une impossibilité, et, si elle pouvait se réaliser, une anomalie.

10. Le christianisme est plus qu'une vérité abstraite, plus qu'une loi morale : c'est une vie.

11. L'infaillibilité n'est pas une conséquence nécessaire de l'inspiration.

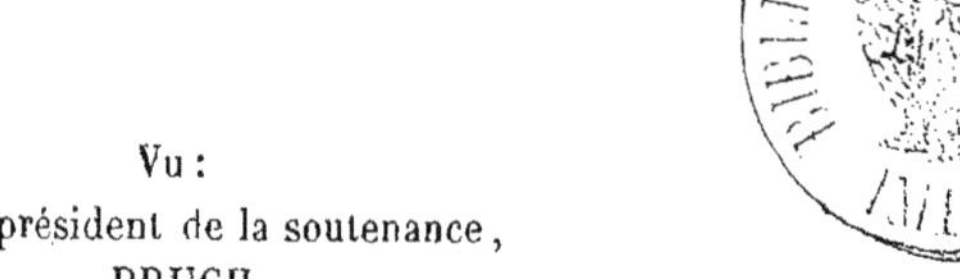

Vu :
Le président de la soutenance,
BRUCH.

Permis d'imprimer.
Strasbourg, le 25 octobre 1858.
Pour le Recteur en tournée,
L'Inspecteur délégué, DUVAL-JOUVE.

www.ingramcontent.com/pod-product-compliance
Ingram Content Group UK Ltd.
Pitfield, Milton Keynes, MK11 3LW, UK
UKHW020953220726
13924UKWH00002B/674